MW01224251

Paramahansa Yogananda
(1893 – 1952)

VIVRE
EN VAINQUEUR

Paramahansa Yogananda

Self-Realization Fellowship
FOUNDED 1920
Paramahansa Yogananda

QUELQUES MOTS SUR CE LIVRE: Les conférences présentées dans *Vivre en vainqueur* parurent à l'origine dans *Self-Realization,* le magazine trimestriel de la Self-Realization Fellowship que Paramahansa Yogananda créa en 1925. Il prononça ces discours au siège international de la Self-Realization Fellowship à Los Angeles ainsi qu'au temple SRF d'Encinitas, en Californie. Ils furent sténographiés par Sri Daya Mata, une des premières et plus proches disciples de Paramahansa Yogananda.

Titre original de l'ouvrage en anglais publié par la Self-Realization Fellowship, Los Angeles Californie, U.S.A. :

To Be Victorious in Life
ISBN-13: 978-087612-456-7
ISBN-10: 0-87612-456-2

Traduit en français par la Self-Realization Fellowship
Copyright © 2013 Self-Realization Fellowship

Édition autorisée par le Conseil des Publications internationales de la Self-Realization Fellowship

Le nom «Self-Realization Fellowship» et l'emblème ci-dessus apparaissent sur tous les livres, enregistrements et autres publications de la SRF, garantissant aux lecteurs qu'une œuvre provient bien de la société établie par Paramahansa Yogananda et rend fidèlement ses enseignements.

Première édition, première impression en français de la Self-Realization Fellowship, 2013
First edition, first printing in French from Self-Realization Fellowship, 2013
ISBN-13: 978-087612-252-5
ISBN-10: 0-87612-252-7

1742-J2524

Vivre

EN VAINQUEUR

L'EXPANSION DE CONSCIENCE, CLÉ DE LA RÉUSSITE

———◆———

La porte du royaume des cieux est située dans le centre subtil de la conscience transcendante, à l'endroit entre les deux sourcils. Si vous focalisez votre attention sur ce siège de la concentration, vous découvrirez une force spirituelle et une aide considérables venant de l'intérieur. Sentez que votre conscience s'élargit pour se fondre avec la conscience divine. Sentez qu'il n'y a plus ni barrière, ni attachement au corps, mais que vous vous rapprochez progressivement du royaume de Dieu et que vous pouvez y pénétrer à travers l'œil spirituel [1].

[1] L'œil unique de l'intuition et de la perception omniprésente, situé au centre (*ajna chakra*) christique (*Kutastha*), entre les sourcils. L'œil spirituel est la porte d'entrée vers les états ultimes de conscience divine. En éveillant ce centre et en pénétrant à l'intérieur de l'œil spirituel, le disciple fait l'expérience d'états de plus en plus élevés : la superconscience, la Conscience christique et la Conscience cosmique. Les méthodes pour accéder à ces états font partie de la science de la méditation du *Kriya Yoga*, dont les techniques sont enseignées aux étudiants des *Leçons de la Self-Realization Fellowship* de Paramahansa Yogananda.

Compilation de discours tenus sur ce sujet en octobre et novembre 1939.

Priez avec moi : « Père céleste, ouvre mon œil spirituel afin que je puisse entrer dans Ton royaume d'omniprésence. Père, ne m'abandonne pas à ce monde mortel plein de souffrances ; conduis-moi de l'obscurité à la lumière, de la mort à l'immortalité, de l'ignorance à la sagesse sans fin, et du chagrin à la joie éternelle. »

CE POUVOIR SPIRITUEL ILLIMITÉ QUI EST EN NOUS

Tandis que vous marchez sur les chemins tortueux et ramifiés de la vie, cherchez avant toute chose à découvrir le sentier qui mène à Dieu. Les *rishis* illuminés de l'Inde, qui nous ont légué des méthodes ayant résisté à l'épreuve du temps, nous ont montré la voie universelle à suivre pour triompher du doute et de l'ignorance. Elle consiste à emprunter le sentier de la lumière divine qu'ils ont pris la peine de défricher et qui mène droit au But suprême. L'enseignement de la Self-Realization Fellowship est la voix des maîtres de l'Inde, la voix de la vérité, la voix appelant à la science de la réalisation divine par laquelle le nouveau monde trouvera la compréhension, l'émancipation et le salut.

Nous n'atteignons la libération ultime et la rédemption complète que par la conscience de Dieu. Afin d'y arriver, nous devons faire tout notre possible jusqu'à ce que les cieux nous remettent le certificat d'approbation de notre Père céleste par lequel Il nous donne la victoire sur toutes choses. Ce monde n'est qu'un banc d'essai où Dieu nous teste pour voir si nous développerons le pouvoir spirituel illimité qui réside en nous ou si nous préférons nous limiter aux attractions matérielles. Il est resté silencieux et c'est à nous de choisir. Je ne pense pas que nous puissions faire erreur en suivant les enseignements que l'Inde nous a donnés et dont ses maîtres sont les experts. Le don suprême de l'Inde au monde est ce savoir qui permet de trouver Dieu grâce à des méthodes progressives. Si vous suivez l'enseignement de la Self-Realization que je vous ai apporté des Maîtres indiens, vous pourrez trouver Dieu dans cette vie même. Je vous le déclare solennellement. Commencez dès maintenant, avant que l'occasion ne se perde ou que vous ne soyez soufflés de cette terre.

Chaque mot qui vous parvient à travers moi vient de Dieu. Et j'ai fait l'expérience de tout ce que je vous dis. Si vous mettez ces vérités en pratique, vous verrez vous-mêmes que ce que je dis est réel. Je vous offre des pépites d'or de vérité ; elles vous rendront riches en Esprit si vous les utilisez au maximum de leur potentiel. Alors que le monde court dans tous les sens sans savoir où il va, ne perdez pas votre temps à pourchasser des objectifs à courte vue. Pourquoi courir après un peu d'argent ou un peu de santé ? Ce ne sont que des impasses. Nous semblons si fragiles : quelque chose se dérègle et nous nous effondrons. Mais derrière chaque fibre de notre être et le moindre de nos os, derrière chacune de nos pensées et le plus infime de nos désirs, il y a l'esprit infini de Dieu. Recherchez-Le et vous obtiendrez une victoire complète. Vous sourirez au monde de ce sourire intérieur qui montre que vous avez trouvé quelque chose de bien plus grand que tous les trésors matériels.

LE VÉRITABLE SUCCÈS EST DE RENDRE VOTRE VIE GLORIEUSE POUR VOTRE JOIE ET CELLE DES AUTRES

Très peu de gens comprennent ce qu'est cet épanouissement de conscience qui fait le véritable succès. Vous êtes venus au monde sans savoir quelles facultés merveilleuses vous possédez et la plupart d'entre vous vivent sans essayer de développer leur potentiel de manière scientifique. De ce fait, votre existence sur cette planète est plus ou moins incertaine. Mais au lieu de mener une vie déréglée, balayée par les vents capricieux d'un destin qui paraît aveugle, vous pouvez maîtriser votre existence, diriger son cours et récolter les fruits qu'elle est destinée à produire : sous la forme d'une expansion de conscience qui, en se déployant, réveille de toutes parts les potentiels divins qui sommeillent en vous.

Vous avez réussi dans la vie lorsque vous avez élargi votre conscience à tel point que votre vie est devenue glorieuse, pour votre propre joie et pour celle des autres. Le succès n'est pas quelque chose que vous pourriez obtenir aux dépens des autres. Vous savez, pour l'avoir vécu en voiture, que sur la route il y a invariablement des chauffards qui conduisent trop lentement, mais ne se laissent dépasser par personne. De même, sur la route de la vie, certains sont des chauffards. Ils s'entêtent dans des comportements égoïstes ; ils ne progressent pas eux-mêmes, ni ne laissent les autres avancer. Les avares en sont un exemple, amassant leur fortune au lieu de l'utiliser à créer des opportunités bénéfiques aux autres. Parmi toutes les faiblesses de l'homme, l'égoïsme est un démon de la pire espèce. Il faut en venir à bout en ayant l'âme et l'esprit magnanimes.

La véritable réussite ne répond pas à un mouvement de contraction dans le sens de l'intérêt personnel, mais à un mouvement de dilatation dans le sens du service aux autres. La fleur, bien qu'attachée à sa tige, élargit la sphère de son utilité grâce à son parfum et à sa beauté. Certaines inflorescences répandent leurs effluves dans un rayon réduit. D'autres, même dépourvues de parfum, nous atteignent pourtant par leur beauté et nous enchantent. Les arbres étendent généreusement leur feuillage sur nous pour nous offrir de l'ombre fraîche et des fruits succulents ; ils transforment les déchets d'oxyde de carbone en oxygène respirable. Le soleil, au lointain, qui semble si petit dans le ciel, irradie bien au-delà de sa sphère pour nous apporter lumière et chaleur. Les étoiles, scintillantes comme des diamants, nous font partager la joie de leur éclat. Toutes les expressions de Dieu dans la nature envoient des vibrations qui, toutes, ont leurs façons d'être utiles au monde. Et vous, qui êtes Sa création suprême, que faites-vous pour dépasser vos limites apparentes ? Votre âme est un phare d'une puissance infinie. Vous pouvez étendre cette puissance de l'intérieur de vous-même et donner de la lumière, de la santé et de la compréhension à autrui.

J'ai connu des gens qui ne changeaient absolument pas avec les années. Ils restaient toujours pareils à eux-mêmes, tels des fossiles. La différence entre un fossile et une plante est que le premier est identique à ce qu'il était il y a des millions d'années, tandis que la plante évolue sans cesse. Vous devez être une graine vivante. Dès qu'elle est mise en terre, elle commence à croître et à monter pour se nourrir des rayons du soleil et de l'air, puis forme ses tiges et déploie ses branches pour devenir finalement un arbre robuste qui se couvre de fleurs. C'est ce que l'homme est censé être : une plante spirituelle en expansion permanente et non pas du bois pétrifié.

Vous êtes en mesure de déployer tout autour de vous des branches puissantes, couvertes de fleurs et de succès, de manière à ce que l'influence de votre vie dégage aux alentours et dans tout le cosmos le parfum de son inspiration. Henry Ford n'était qu'un homme insignifiant qui commença à travailler dans un petit garage, mais qui réussit à se faire un nom dans le monde entier grâce à une initiative pleine de créativité. Il en est de même pour George Eastman, l'inventeur du Kodak. Il y une place dans les cieux pour les gens qui ont réussi — et sachez qu'ils apprécient cet endroit. Je vous parle de ce que je connais de par ma propre expérience. Tout personnage illustre ayant réussi, dans ce monde, à faire quelque chose de grand en se servant des forces divines inhérentes à l'âme, est reconnu dans les cieux pour son mérite.

ACTIVEZ LA LOI DIVINE AFIN DE PROGRESSER ET DE RÉUSSIR

Ce monde n'est pas mû par des forces aveugles. Il fonctionne selon un plan intelligent. Si Dieu avait créé la faim sans avoir songé à créer la nourriture pour la satisfaire, où en serions-nous ? C'est une insulte à la raison que de supposer que ce monde ne serait qu'un hasard résultant de combinaisons variées d'atomes, sans une intelligence sous-jacente pour guider ces atomes. Bien au contraire, il est évident qu'il existe un ordre dans l'univers et des lois. Votre vie, comme toute vie, est gouvernée avec une précision mathématique par des lois cosmiques soigneusement pensées par l'intelligence du Créateur. C'est ainsi que par la loi divine de l'action ou du karma, la loi de cause à effet, tout ce que vous faites est enregistré dans votre âme. Selon l'ampleur de votre travail, tout ce que vous accomplissez au moyen de votre volonté et de votre créativité constituera, après votre mort, votre passeport pour ces régions célestes qui sont la récompense des âmes consciencieuses. Et lorsque vous vous réincarnerez dans ce monde, vous renaîtrez avec les pouvoirs mentaux que vous avez développés par vos efforts antérieurs.

Supposons que quelqu'un soit né dans cette vie avec un corps chétif, sans ressources et sans avantages matériels, mais qu'il s'efforce pourtant de tout son cœur et jusqu'à sa mort de tout faire au mieux de ses capacités. Son refus d'accepter la défaite crée un magnétisme dynamique qui va lui attirer la santé, des amis bienveillants, la prospérité et ainsi de suite dans sa prochaine incarnation. Ou imaginez que quelqu'un prenne la résolution suivante : « Je veux faire quelque chose de grand et de bien pour servir l'humanité », mais qu'il meurt avant d'avoir eu l'occasion de réaliser sa noble entreprise. Lorsqu'il reviendra sur terre, cette ferme détermination se reportera sur sa nouvelle vie avec les facultés mentales nécessaires pour atteindre ce but. Tous les soi-disant avantages « héréditaires », toutes les circonstances « fortuites » de la vie ne sont pas des caprices du destin, mais le résultat légitime de causes engendrées à un certain moment dans le passé par notre propre action. C'est pourquoi vous devez commencez maintenant à faire quelque chose pour assurer votre succès futur.

Afin d'activer la loi de l'action, vous devez agir vous-mêmes. Exercez vos pouvoirs plutôt que de les laisser s'ossifier dans l'inertie. Tant de gens sont paresseux et manquent d'ambition – travaillant en suivant la pente du moindre effort pour arriver tout juste à se nourrir et à vivoter en attendant la mort. Une existence aussi indolente mérite à peine d'être appelée une vie. Être en vie c'est brûler de réussir, s'élancer vers un but avec une détermination que rien n'arrête. Vous devez être actif avec enthousiasme, faire quelque chose de votre vie et offrir au monde une contribution valable. C'est parce que mon Maître [Swami Sri Yukteswar] m'a renforcé dans la conviction que je pouvais devenir quelqu'un, que j'ai fait l'effort d'y parvenir et ce, malgré toutes les forces adverses qui m'ont barré le chemin.

Beaucoup de gens ont de nobles idéaux, mais leurs actions ne sont pas conformes. Ce sont pourtant les actes qui font la grandeur de quelqu'un. Tant que vous n'avez pas accompli quelque chose dans les faits, vous n'avez pas réussi. Il ne suffit pas de rêver de succès ou d'avoir des idées ; il faut en faire la démonstration. Penser que vous êtes vertueux ne vous rend pas encore vertueux. De même, penser à la réussite ne vous fait pas encore réussir. Vous pouvez dire : « Je suis quelqu'un d'une spiritualité admirable », mais vous ne serez une personne spirituelle que si vous vous comportez de manière spirituelle. Toute action débute par la pensée, qui est elle-même action sur le plan de la conscience. Pour se manifester, les pensées doivent être dynamisées par la volonté, ce qui se fait par la concentration et la persévérance afin d'éveiller le pouvoir indomptable de l'esprit. Donc, avoir une grande idée est bien le commencement, mais ensuite vous devez magnifier cette idée par votre volonté et mettre en mouvement les lois correspondantes de l'action. « Comprenant cela, les sages recherchant le salut ont agi, depuis les temps originels, dans l'accomplissement de leur devoir. C'est pourquoi, toi aussi, agis dans l'accomplissement de ton devoir, tout comme l'ont fait les anciens des temps reculés [1]. »

1 *God Talks with Arjuna: The Bhagavad Gita* IV: 15.

VAINCRE LES OBSTACLES AUTOUR DE VOUS ET EN VOUS

Dans ce monde de la relativité – lumière et obscurité, bien et mal – il est inévitable qu'à chaque fois que vous tentez une expansion, des ennemis se mettent en travers de votre route. Cela vaut pour toutes les entreprises : à l'instant où vous essayez d'accomplir quelque chose, la résistance apparaît. Dès que la plante essaie d'émerger de la graine, elle rencontre la résistance de la terre, puis les insectes l'attaquent, ensuite elle doit se battre contre les mauvaises herbes qui rivalisent avec elle pour s'accaparer la nourriture et l'eau. La plante a besoin de l'aide du jardinier. Il en va de même pour les êtres humains. Si les circonstances adverses ou vos faiblesses intérieures font que vous n'avez pas la force de développer les branches du succès dans l'arbre de votre vie, vous avez besoin de l'assistance d'un enseignant ou guru capable de vous aider à cultiver le pouvoir de votre esprit. Le guru vous enseigne l'art de la méditation, celui de cautériser les mauvaises herbes que sont les habitudes restrictives et le mauvais karma qui essaient de vous étouffer à la base. Vous devez résister à ces ennemis ; résister encore et encore. Sans combattre, vous n'arriverez à rien. Mais il ne s'agit pas pour autant de blesser délibérément qui que ce soit en employant des tactiques peu scrupuleuses pour s'imposer. Vous utiliserez les pouvoirs spirituels de l'esprit et de la volonté pour surmonter les forces et les circonstances gênantes qui vous entourent ainsi que les limites que vous vous créez vous-mêmes. Alors, vous pourrez être ce que vous voulez et accomplir ce que vous désirez.

Souvenez-vous-en : vous possédez le pouvoir d'être forts. La toute-puissance de Dieu est juste derrière votre conscience. Mais au lieu d'utiliser cette force divine, vous avez érigé un mur épais entre vous et Son pouvoir. Votre attention est constamment dirigée vers l'extérieur, dépendant ainsi du corps physique et du monde matériel, au lieu d'être orientée vers l'intérieur, sur le Résident divin[1]. Voilà la raison pour laquelle vous pensez être limités.

RENFORCER LA FACULTÉ MENTALE QUI GÉNÈRE LE SUCCÈS

Mais quelle est donc la voie de l'expansion, la voie du progrès ? C'est de tourner votre regard vers l'intérieur afin de libérer vos facultés secrètes. Chacun d'entre vous peut le faire. Commencez dès aujourd'hui. Le principal, c'est l'esprit ; c'est l'instrument de Dieu par lequel tout est

1 «Car nous sommes le temple du Dieu vivant, comme Dieu l'a dit : J'habiterai et je marcherai au milieu d'eux ; je serai leur Dieu, et ils seront mon peuple.» (II Corinthiens 6, 16).

créé. Il est extrêmement souple ; il créera en fonction de n'importe quel schéma de pensée. C'est l'esprit qui fait la santé et la spiritualité, la maladie et l'ignorance. Qu'est-ce que la maladie sinon la pensée de la maladie ? Qu'est-ce que l'ignorance sinon la pensée de l'ignorance ? Qu'est-ce que l'échec sinon la pensée de l'échec ? J'ai étudié l'être humain dans toutes les situations de la vie et j'ai vu que ceux qui ne réussissent pas sont ceux qui ne cultivent pas le pouvoir de leur esprit.

S'efforcer de réussir dans toute entreprise valable consiste à augmenter le pouvoir de votre esprit. À mesure que votre puissance mentale se développe, votre magnétisme – la force d'attraction, suscitée en vous, qui attire les circonstances et les personnes favorisant votre succès – se développe aussi. Les bonnes relations sont importantes pour vous. Vous ne voudriez pas jouir des fruits de la réussite sans avoir autour de vous des êtres chers qui vous apprécient et vous aident (qu'il s'agisse de membres de votre famille ou d'amis qui vous soutiennent), des êtres avec lesquels vous pouvez partager votre bonheur. Votre capacité mentale et votre magnétisme, d'une qualité supérieure à la moyenne, attireront des amis qui contribueront à donner du sens à votre vie. Participez à vous faire des amis durables en étant vous-même un véritable ami. Essayez de bonifier votre personnalité. Le Seigneur a fait de vous quelqu'un d'unique. Personne n'est exactement comme vous. Vous avez un visage et un esprit que personne d'autre ne possède. Vous devriez être fier de vous-même et ne pas vous laisser aller ni à l'envie, ni à vous apitoyer sur vous-même. Soyez d'une grande véracité, soyez sans peur, honnête, aimable, plein de compassion, de compréhension et d'intérêt pour les autres sans pour autant les importuner par de la curiosité. Les vibrations silencieuses émanant de la puissance de votre esprit et de votre magnétisme les renseigneront suffisamment sur vos qualités en or.

SORTEZ DU CACHOT DE VOS RESTRICTIONS

La tendance est de penser « Je suis comme je suis. Je ne peux pas être autrement. » Croyez cela et vous serez condamné à rester comme vous êtes ! Si vous raisonnez de la sorte : « Je n'ai que cela comme capacités et je ne peux pas faire plus », vous pouvez être sûrs de ne pas progresser. Vous oubliez que dans votre jeunesse vous étiez plein d'ambitions, brûlant de la conviction de pouvoir « conquérir le monde ». Mais les portes du monde se sont peu à peu fermées pour vous ; les préjugés du pessimisme, de l'inertie et de la négativité ont érigé des murs autour de vous et de vos capacités de réalisation. Ne restez pas enfermés dans ce cachot pour le reste de votre vie.

Il existe un moyen de se libérer. Pour un petit pays entouré d'ennemis il est difficile de se déclarer indépendant ou d'élargir ses frontières, mais c'est parce que ses barrières sont extérieures. Réaliser votre indépendance mentale et spirituelle n'est nullement une question d'obstructions extérieures. Les barrières restrictives, c'est vous-même avec les mauvaises habitudes que vous vous êtes créées. Vous êtes obnubilé par vos limites et par les enclos mentaux que vous entretenez soigneusement. De votre propre chef, vous avez décidé de votre emprisonnement, entravant ainsi votre développement. Mais vous pouvez défaire et ouvrir toutes les frontières que vous vous êtes créées, à condition de connaître la bonne méthode à cet effet.

La conscience de l'homme ordinaire est comme une petite maison ; elle est son royaume. Il regarde peut-être un peu au-delà, mais n'a aucun désir d'expansion. Et certaines personnes se confinent mentalement et spirituellement dans des chambrettes, enfermant leurs aspirations dans la conviction dogmatique de leur propre médiocrité. Ces « morts vivants » manquent totalement de foi quant aux possibilités de conquérir des terres nouvelles.

Vous rendez-vous seulement compte que chacun d'entre vous est un géant spirituel potentiel, un équivalent spirituel du puissant Gengis Khan qui fut l'un des plus grands conquérants de l'histoire ? Bien sûr, les conquêtes terrestres ne sont pas dignes de louanges si elles traînent dans leur sillage des bains de sang et de souffrances. On peut conquérir des empires terrestres et régner sur des royaumes opulents tout en restant esclave de sa misère personnelle et de ses peurs. La véritable victoire consiste à faire sa propre conquête, c'est-à-dire à conquérir sa conscience restreinte, dans une expansion de ses pouvoirs spirituels au-delà de toute limite. Cela vous permet d'aller aussi loin que vous le voulez, de dépasser toutes vos limites et de vivre une existence suprêmement victorieuse.

Libérez-vous du cachot de l'ignorance qui vous étouffe. Pensez autrement. Refusez d'être limité par des pensées ayant trait à des faiblesses ou au temps qui passe. Qui vous a dit que vous étiez vieux ? Vous ne l'êtes pas. En tant qu'âme, vous avez la jeunesse éternelle. Imprimez cette pensée dans votre conscience : « Je suis une âme, un reflet de l'Esprit éternellement jeune. Je suis rayonnant de jeunesse, d'ambition et de force pour réussir. » Vos pensées peuvent soit vous limiter, soit vous libérer. Vous êtes à la fois votre pire ennemi et votre meilleur ami. Vous avez tout pouvoir pour accomplir ce que vous voulez, à condition de vous motiver et de supprimer de votre mental les écueils qui empêchent les flots de votre conviction de couler librement.

ANTIDOTE À L'ÉTAT DE CONSCIENCE DU « JE NE PEUX PAS »

J'ai rencontré des gens qui avaient décidé de réussir dans la vie malgré une mauvaise santé. Leurs corps perclus de douleurs essayaient toujours de dériver leur attention, mais ils avaient surmonté cet obstacle physique et persisté avec une détermination si farouche qu'ils avaient atteint leurs buts par la seule force de leur mental. J'ai également vu des personnes qui avaient une excellente santé mais une tête de linotte. Vous pouvez faire ce que vous voulez pour les convaincre qu'elles sont capables de faire quelque chose, elles répètent obstinément: « Je ne peux pas ». Le frein mental qui arrête ces personnes est le sentiment de ne pas être à la hauteur. Et d'autres possèdent à la fois la santé et l'intelligence, mais ne réussissent pourtant pas parce qu'elles ont des freins spirituels, à savoir leurs mauvaises habitudes. Que la cause soit physique, mentale ou spirituelle, le constat d'échec commence par cet aveu: « Je ne peux pas ». Le pouvoir de l'esprit ainsi que le pouvoir vibratoire des mots est tel que lorsque vous vous dites « Je ne peux pas », personne au monde ne peut modifier ce décret. Vous devez détruire cet ennemi qui veut vous scléroser et qui s'appelle : « Je ne peux pas ».

Il existe un antidote à l'état de conscience du « Je ne peux pas » : c'est l'affirmation « Je peux ! » Produisez cet antidote à l'aide de votre mental et administrez-le au moyen de votre volonté.

Il existe un obstacle associé qui doit également être vaincu : « Je peux, mais je n'en ai *pas envie.* » Beaucoup de gens sont dans cet état d'esprit, car il est plus facile de rester assis à ne rien faire. Le plus noir péché contre votre progrès personnel est celui de la paresse mentale. La paresse physique est parfois pardonnable, comme lorsque vous avez travaillé durement et que votre corps a besoin de repos. Mais la paresse mentale est absolument inexcusable ; elle pétrifie votre cerveau. Si vous bannissez les paresseux « Je n'ai pas envie de… », si vous décidez fermement que « Je dois le faire, il faut que je le fasse et je le ferai », la réussite s'installera immanquablement.

Rejetez toutes les pensées négatives. Soyez victorieux de l'idée que vous ne pourriez faire une chose en commençant simplement à agir. Et continuez ensuite de faire cette chose. Les circonstances extérieures essaieront de vous faire flancher, de vous décourager pour revenir au stade du « Je ne peux pas ». Si le diable existe, ce diable est bien le « Je ne peux pas ». C'est lui, le Satan qui a déconnecté la dynamo de votre pouvoir éternel ; il est la raison principale de vos échecs dans la vie. Chassez donc ce démon de votre conscience, au moyen d'une détermination de fer : « Je *peux* le faire. » Pensez ce que vous dites et répétez vous cette affirmation autant de fois que possible. Croyez-y mentalement et nourrissez d'énergie cette conviction en agissant en conséquence avec tout le pouvoir de votre volonté. Travaillez ! Et, tout en travaillant, ne déviez jamais de cette pensée : « Je peux le faire ». Même si mille embûches surgissaient devant vous, ne cédez pas. Si vous faites preuve d'une telle détermination, tout ce que vous cherchez à atteindre se concrétisera inévitablement. Et lorsque ce sera fait, vous direz : « Finalement, c'était si facile ! »

Alors pourquoi céder à l'inertie et vous encroûter dans l'ignorance ? Ne vaut-il pas mieux briser la coquille du « Je ne peux pas » pour être libre de respirer l'air pur du « Je peux » ? Vous ferez alors l'expérience de la toute-puissance de l'esprit ; tout ce que votre esprit peut penser peut se matérialiser. Aucune obstruction n'existe, si ce n'est l'état de conscience du « je ne peux pas ». Essayez et voyez comme la voie de l'expansion que je vous montre ici est merveilleuse. Les mots « Je peux, je dois et je veux » : ils sont la voie à suivre pour vous transformer en vainqueur et parvenir à la victoire absolue.

DIEU VOUS A DONNÉ DE LA DYNAMITE MENTALE

Vous ne gagnerez jamais, à moins de faire un effort. Dieu vous a donné suffisamment de dynamite mentale pour pulvériser toutes vos difficultés. Souvenez-vous-en. C'est la force la plus efficace que vous puissiez utiliser pour vivre en vainqueur, pour vous libérer des faiblesses et des habitudes contraignantes, dans une expansion omnipotente de votre conscience. Allez-vous rester un mort-vivant, prêt à être enterré dans une tombe sous les gravas de vos erreurs ? Non ! Faites quelque chose de valable dans ce monde ou, encore mieux, quelque chose de formidable ! Tout ce que vous ferez, Dieu le reconnaîtra. Et même si le monde manque de vous reconnaître alors que vous avez fait tout ce qui était en votre possible, cette force mentale démultipliée vous restera acquise, au fond de votre âme. Partout où vous irez — dans cette vie ou bien après — vous conserverez le bénéfice d'un esprit invincible. Ainsi le Seigneur Krishna encourageait-il le prince guerrier Arjuna : «Ô Guerrier qui consume l'ennemi, rejette de ton cœur cette faiblesse passagère ! Relève-toi[1] !»

J'ai utilisé cette force d'esprit tout au long de ma vie et je l'ai vue en action. Lorsque vous êtes confrontés à

---

1 *God Talks with Arjuna: The Bhagavad Gita* II: 3.

la maladie et à l'échec, vous devriez, vous aussi, méditer profondément et répéter mentalement cette affirmation : « Père tout-puissant, je suis Ton enfant. Je veux faire usage de mon héritage, des pouvoirs divins de mon esprit et de ma volonté, pour annihiler les causes de l'échec. » Rassemblez ces forces mentales pendant la nuit, lorsque l'emprise des distractions du monde se relâche et que votre esprit, rechargé par la méditation, la prière et la communion avec Dieu, bénéficie d'une concentration maximale.

Que puis-je vous dire de plus ? Que ces pensées sont pratiques : elles fonctionnent. Et que si vous prenez la décision de vraiment vous en servir, si vous les mettez en œuvre, vous les *verrez* fonctionner. Vous pouvez vaincre toutes vos difficultés ; vous pouvez anéantir les remparts de l'ignorance qui vous ont enfermés pendant de nombreuses incarnations. Vous saurez qu'en tant qu'enfant immortel de Dieu, la mort ne peut vous tuer, pas plus que la naissance dans une prison de chair ne peut entièrement inhiber le pouvoir de transcendance qui est en vous [1]. Vous devez racheter l'âme par l'âme afin de pouvoir disposer en toutes circonstances des pouvoirs divins auxquels rien ne

---

[1] « Aucune arme ne peut transpercer l'âme ; aucun feu ne peut la brûler ; aucune eau ne peut la mouiller ; ni aucun vent la dessécher… L'âme est indivisible ; elle ne peut être ni brûlée, ni mouillée, ni desséchée. L'âme est immuable, emplissant tout, toujours calme et inébranlable – éternellement la même. » (*God Talks with Arjuna: The Bhagavad Gita* II: 23-24.)

résiste, ceux de l'esprit et de la volonté, et vaincre tous les obstacles sur votre route !

LA RÉUSSITE MATÉRIELLE NE CONSTITUE PAS LE VÉRITABLE SUCCÈS

Demandez-vous quel est le but de votre vie. Vous avez été créé à l'image de Dieu ; c'est là votre moi véritable, votre Soi. Réaliser l'image de Dieu qui est en vous est le summum de la réussite. C'est la joie infinie, l'accomplissement de tout désir, la victoire sur tous les obstacles du corps physique et sur toutes les attaques du monde.

La vie humaine est une confrontation constante à des problèmes. Chaque être humain a un problème différent à résoudre ; avec mille cinq cent millions d'êtres humains, mille cinq cents millions de problèmes différents doivent être affrontés chaque jour. Certaines personnes sont malades du cœur, d'autres sont enrhumés ; certains sont trop riches, d'autres sont trop pauvres ; certains sont tout le temps en colère, d'autres sont en proie à une fade indifférence. Mais combien sont heureux ? La véritable mesure du succès est le bonheur : êtes-vous heureux dans toutes les situations de votre vie ?

L'idée la plus répandue du succès est d'être riche, d'avoir des amis et des possessions enviables. C'est la soi-disant « belle vie ». Mais la réussite matérielle ne constitue pas forcément le véritable succès, car les biens comme les circonstances sont sujets au changement. Vous pouvez posséder quelque chose aujourd'hui et ne plus l'avoir demain. Donc, ne considérez pas qu'en devenant millionnaire, vous aurez déjà réussi.

Certes, vous devez travailler durement pour réussir dans les affaires, mais avant que la réussite n'arrive, votre vie se déséquilibre déjà, vous privant de la liberté de jouir de ses plaisirs et vous donnant tellement de soucis et d'énervements que votre santé en pâtit. Tout d'un coup, votre réussite ne signifie plus rien à vos yeux et vous réalisez que vous avez gâché votre vie. Ou bien, vous avez peut-être acquis une excellente santé grâce à des efforts dans ce sens, mais vous vous trouvez dans une situation financière si désastreuse que vous n'êtes pas en mesure de satisfaire les besoins de ce même corps. Vous pouvez même posséder à la fois la santé et la richesse, mais sentir pourtant que le bonheur intérieur vous échappe ; si vous vous occupez uniquement du corps et de l'ego, votre âme ne sera jamais satisfaite. Vous pourrez peut-être tout avoir, mais estimer qu'en fin de compte cela ne signifie absolument rien, car vous n'êtes pas heureux. Si vous n'avez pas le bonheur en votre cœur, vous n'avez pas remporté la victoire.

Cependant, très peu de personnes peuvent être heureuses sans avoir de l'argent et de la santé dans une mesure convenable. La plupart des gens doivent avoir quelque objet de satisfaction ; leur bonheur dépend de circonstances extérieures, car leur esprit n'a pas été habitué à être heureux de l'intérieur, de façon inconditionnelle. Vous pensez pouvoir être heureux si seulement vous possédiez toutes ces choses qui vous semblent indispensables pour votre bonheur. Mais le désir engendre des désirs et la satisfaction ne viendra jamais si vous continuez à multiplier vos besoins. Au moment d'acheter une chose, vous pensez ne pas pouvoir vous en passer ; mais après l'avoir acquise, vous n'y pensez plus guère, car vous vous mettez à désirer quelque chose de mieux. Bien que vous ayez vécu cette expérience tant de fois, lorsque vous êtes sous le coup d'une impulsion pour acheter quelque chose de nouveau, il vous semble ne pas pouvoir être heureux avant de posséder cette chose. La victoire sur soi consiste à apprendre l'art du contentement intérieur. Acquérez juste ce dont vous avez besoin, puis soyez satisfait de ce que vous avez.

NE SOYEZ PAS ESCLAVE DE LA TENTATION DE VIVRE AU-DESSUS DE VOS MOYENS

Il y des gens qui achètent sur un coup de tête des choses dont ils n'ont pas besoin. Ils dilapident leurs fonds. Prenez l'habitude de faire vos achats avec circonspection et de ne céder qu'à la sagesse. Si vous avez des économies, mettez-les de côté. Ne succombez pas à l'appel des sirènes qui vous tentent sans cesse et vous font dépenser vos économies pour des gadgets à la mode, des soi-disant «must» ou des investissements «garantis». Lorsque quelqu'un vous aguiche avec des propositions alléchantes, souvenez-vous de l'histoire du corbeau et du renard. Le corbeau tenait en son bec un fromage et le renard convoitait ce mets appétissant. Maître Renard lui tint à peu près ce langage : «Veuillez chanter pour moi, Monsieur du Corbeau ; vous avez une si belle voix.» Le corbeau, flatté, voulut montrer sa belle voix. Il ouvrit son bec et laissa échapper le fromage. Le malin goupil s'en saisit et partit. Méfiez-vous de ceux qui usent de psychologie à votre encontre ; ils vous veulent quelque chose. Ne vous laissez jamais amadouer par quiconque tente de vous manipuler afin d'éveiller en vous le désir d'un objet superflu à votre véritable bonheur et succès.

Simplifiez votre vie de manière à ne pas dépendre de trop d'objets matériels. Le fait de vouloir satisfaire tous vos désirs crée automatiquement votre malheur. Je compare la civilisation américaine à l'indienne : je vois ici tous les avantages du progrès matériel que j'aurais aimé pour l'Inde dans le but de diminuer sa pauvreté et ses souffrances physiques. Mais je m'aperçois qu'en dépit de toutes leurs richesses la plupart des gens dits fortunés ici sont tout aussi malheureux que les plus dépourvus en Inde qui ne possèdent rien.

La vie occidentale est tellement complexe que vous n'avez plus le temps d'apprécier vraiment quoi que ce soit. Mais si vous faites l'examen de votre vie, vous découvrirez qu'il existe de nombreux moyens de la simplifier sans pour autant vous priver. Réalisez que c'est folie de désirer toujours plus d'objets de luxe achetés à crédit. Économisez pour les choses dont vous avez besoin et payez ces objets au comptant. Ainsi, vous n'aurez à vous soucier ni de crédits ni d'intérêts élevés à rembourser. Bien sûr, c'est une bonne chose de faire tourner le commerce et de donner du travail à ceux qui doivent vendre leurs produits pour vivre. Mais ne soyez pas esclaves de la tentation de vivre au-dessus de vos moyens, car lorsque vous vous trouverez dans l'embarras, vous reperdrez tout.

Économisez quelque chose sur chaque rentrée d'argent. Vivre sans rien mettre de côté est une faiblesse qui fait frôler le désastre. Il est préférable d'avoir une voiture plus petite, une maison plus modeste et des économies à la banque pour les urgences, lesquelles se présenteront à coup sûr. Dépenser tout ce que vous gagnez, juste pour acheter du superflu ou du neuf, est une grave erreur. Je pense qu'à la fois les maris et les épouses devraient avoir un petit compte d'épargne à la banque, en plus d'un compte d'épargne commun destiné à couvrir les imprévus.

Économiser est un art qui, comme tout art, exige des sacrifices. Mais si vous achetez avec frugalité et vivez dans la simplicité, vous pourrez économiser un petit quelque chose chaque semaine ou chaque mois. Je vois tant de travailleurs qui dépensent pour des choses inutiles et qui ont, par conséquent, toujours des dettes. Je me souviens d'un couple qui avait une magnifique maison en Floride. Chaque fois qu'ils voyaient quelque chose qui leur plaisait, ils l'achetaient immédiatement à tempérament. Mais le jour arriva où leur maison leur parut un enfer. Je leur dis : «Ces choses ne vous appartiennent pas. Vous n'en êtes pas propriétaires. Vous les avez seulement empruntées en les payant à crédit. Pourquoi êtes-vous inquiets à l'idée de les perdre ? Pourquoi ne pas vivre plus simplement, sans cette inquiétude constante qui détruit votre paix et votre plaisir tout entier ? » À cause de ces obligations, ce couple a finalement tout perdu. Ils ont dû retourner à une vie plus simple et repartir à zéro.

Il est possible de jouir indirectement de tant de belles et de bonnes choses dans la vie, sans subir les états dépressifs causés par le casse-tête à résoudre pour payer ces choses afin de les posséder. De nombreux désirs peuvent être assouvis de cette manière-là.

ANALYSEZ VOS DÉSIRS AVANT DE LES METTRE À EXÉCUTION

Un désir valable est comme un coursier divin qui, au lieu de vous conduire dans les vallons obscurs, vous conduira vers le royaume de Dieu. Analysez chaque désir afin de déterminer s'il contribue à votre bien spirituel et à votre amélioration. Tout ce qui vous conduit loin de l'esclavage matériel et plus près du royaume du véritable bonheur constitue un désir justifié. Toute motivation qui contribue à faire fleurir la compréhension et des qualités manifestement divines est une bonne motivation. Si quelqu'un vous blesse et que vous lui pardonnez, vous vous rapprochez du royaume de Dieu. Si quelqu'un est belliqueux et que vous lui apportez votre compréhension, c'est vous-même que vous faites avancer vers le royaume de Dieu. Si quelqu'un souffre et que vous lui offrez votre aide et votre compassion, vous entrez dans la présence de Dieu.

Le véritable succès dépend de l'accomplissement d'un désir louable — et non pas d'une tendance marquée à accaparer des choses au détriment du bien-être d'autrui. Les richesses acquises grâce à des moyens répréhensibles peuvent sembler des réussites, vues de l'extérieur ; mais intérieurement, votre âme ne sera pas en paix. Votre conscience est comme une chaussure : lorsqu'elle est trop étroite, l'apparence extérieure a beau être plaisante, vous savez exactement, même en marchant avec toutes les précautions possibles, où elle vous fait mal. Celui qui est en paix avec sa conscience est également en paix devant Dieu. Ne vous mettez pas en situation de coupable devant votre conscience. Si votre conscience est nette, vous pouvez faire face à tous les jugements du monde ; et même si vous êtes entouré de ténèbres profondes, vous percerez l'obscurité. Les personnes qui nourrissent des ambitions matérielles poursuivent leur passion pour la réussite sans s'inquiéter de savoir si elle provient de méthodes douteuses. Quels que soient leurs succès, elles n'ont jamais vraiment réussi, car elles ne sont jamais heureuses. Si vous voulez réussir, faites-le d'une façon honorable.

Le véritable succès est de réaliser des choses saines, d'assouvir des désirs sains, c'est-à-dire tout ce qui est bénéfique au bien-être physique, mental et spirituel de chacun. Dès qu'un besoin intérieur fait surface, demandez-vous si ce désir est sain ou non. Sachez distinguer entre les motivations qui vous sont favorables et celles qui ne le sont pas. Faites preuve de bon sens et de discernement lorsque vous pourchassez le succès en réalisant vos désirs.

LE VAINQUEUR SE DISTINGUE PAR LA MAÎTRISE DE SOI

Avoir des plaisirs inoffensifs est très bien ; mais ceux qui nuisent à votre esprit et à votre corps sont mauvais. Tout ce qui vous rend esclave est mauvais. La force de notre bien-être et de notre bonheur durable réside dans la maîtrise de soi, dans l'aptitude à faire ce que nous sommes censés faire, au moment où nous devons le faire et en évitant totalement ce que nous ne devrions pas faire. Le vainqueur se caractérise par la maîtrise de soi ; il n'est pas dépendant de ses caprices et de ses habitudes. Avoir une totale maîtrise sur soi-même, c'est manger quand il faut et ce qu'il faut ; et ne rien manger lorsqu'il ne le faut pas. Lorsque vous voulez sortir et voir du monde, faites-le de bon cœur ; et lorsque vous avez besoin de rester seul, ne sortez pas. Si votre temps est utilisé à bon escient dans des activités louables, votre vie – qui est une extension de vous-même – prendra tout son sens, et vous aussi. Les gens du monde ont tendance à vous voler votre temps ; ils veulent vous faire descendre à leur niveau. Pourquoi faudrait-il s'abaisser vers l'inutilité ? Utilisez votre temps en introspection pour votre développement personnel, en pensées créatives et en contemplation profonde, et vous bénéficierez d'un grand pouvoir sur vous-même.

Si des gens persistent à vous ennuyer pendant vos périodes de calme ou si vous avez besoin de répit face à des problèmes familiaux, allez dans un endroit paisible et restez seul pendant quelques temps, en écoutant les bruits harmonieux de la nature et la voix de Dieu au fond de vous. Tout le bonheur désiré repose en vous, dans l'image de Dieu en vous. Pourquoi se contenter des parodies du bonheur à travers la boisson, le cinéma et les satisfactions sensuelles ? C'est là le cours du monde. Le véritable bonheur n'a besoin d'aucun support. Comme un poète l'a dit de façon très sage : « N'ayant rien, je possède pourtant tout. »

RESTEZ INVAINCU EN ESPRIT À TRAVERS LES ÉPREUVES ET LES DÉFIS

Vous pouvez apprendre à être heureux à volonté et à garder ce bonheur en vous quoi qu'il arrive. Certaines personnes s'effondrent totalement sous leurs épreuves ; d'autres sourient malgré leurs difficultés. Ceux qui triomphent en esprit sont les véritables conquérants de la vie. Si vous êtes capable de conditionner votre esprit, de l'entraîner de façon à être content sans tenir compte de ce que vous avez ou n'avez pas, et si vous pouvez résister à toutes vos épreuves en restant calme, vous avez trouvé le vrai bonheur. Supposons que vous souffriez d'une terrible maladie ; lorsque vous dormez, vous en êtes allègrement débarrassé. Prenez la résolution de maintenir continuellement ce niveau mental supérieur. Décidez d'être heureux à tout prix. Jésus avait à ce point réussi à maîtriser son esprit qu'il a pu endurer volontairement la crucifixion et même ressusciter son corps après la mort. Ce fut la démonstration d'une victoire suprême. La joie inconditionnelle en Dieu qui était la sienne constitue l'aboutissement ultime auquel tout être humain devra parvenir. Il s'agit de reconquérir vos droits sur vous-même ; vous pourrez dire que vous vous appartenez, lorsque vous, l'âme, serez le maître de votre vie.

Dites à votre mental : « Je suis le maître ; je suis heureux maintenant et non pas demain, lorsque tous les si et les mais auront disparu et que toutes les conditions seront remplies. » Si vous pouvez vous donner l'ordre d'être heureux à volonté, Dieu sera avec vous, car Il est la Source de tous les petits ruisseaux de joie. Vous ne connaissez pas le pouvoir de votre esprit. Si vous êtes heureux, il crée une attitude vibratoire positive qui peut attirer la santé, la richesse les amis et tout ce que vous recherchez. Au contraire, lorsque vous n'êtes pas heureux, lorsque vous avez une attitude négative, votre volonté est paralysée. Le succès en toutes choses dépend de la capacité à attirer ce dont vous avez besoin à l'aide d'une volonté forte, positive et heureuse.

Analysez votre vie pour voir si vous l'avez réussie en vainqueur. Si vous êtes un déprimé chronique, c'est parce que vous n'avez pas réussi votre vie. Les choses dont vous avez rêvé pendant des années depuis votre l'enfance restent inaccomplies et votre esprit morose a adopté l'attitude de se dire «À quoi bon?». Ranimez donc vos louables objectifs au moyen d'une volonté dynamisée !

RÉUSSIR SIGNIFIE AVOIR LE POUVOIR CRÉATIF DE CONCRÉTISER CE DONT VOUS AVEZ BESOIN

Le succès ne se mesure pas par la quantité matérielle de richesse accumulée, mais par la capacité de créer à volonté ce dont vous avez besoin. Pensez à ce pouvoir; il vient de l'esprit superconscient, la capacité infinie de l'âme. Si vous utilisez ce pouvoir pour imprégner votre aptitude créatrice, vous pourrez surmonter tous les obstacles qui obstruent votre chemin.

Supposez que vous ayez besoin d'une voiture et que vous ayez le pouvoir de l'obtenir (par des moyens honnêtes). C'est du succès. Imaginez que vous ayez besoin d'une maison et que vous ayez les moyens de l'acquérir. C'est du succès. Supposez que vous cherchiez votre partenaire pour la vie en priant Dieu pour qu'Il vous guide et que vous rencontriez cette personne. C'est encore du succès. Mais comment en arriver à obtenir le pouvoir qui rend ce succès possible à volonté ? Comment présider aux conditions qui favorisent le succès plutôt que d'être le jouet de ce destin de cause à effet que vous vous êtes créé ? Très peu de gens en ce monde amassent suffisamment de détermination et de volonté pour se rendre maîtres de leur destinée.

Examinez vos besoins immédiats et priez toujours Dieu de vous donner la force créatrice et la volonté pour les assouvir. Souvenez-vous que l'homme n'a rien inventé ; il ne fait que découvrir ce que Dieu avait déjà créé dans Ses idéations et manifesté dans le monde causal de la pensée qui est à l'origine de toutes choses sur terre et dans les cieux. C'est pourquoi le secret du succès est de s'harmoniser de plus en plus avec Dieu.

TROIS POUVOIRS CRÉATIFS : L'ESPRIT CONSCIENT, SUBCONSCIENT ET SUPERCONSCIENT

Votre Créateur vous a donné trois pouvoirs formidables : votre esprit conscient, votre esprit subconscient et votre esprit superconscient. Vous utilisez principalement votre esprit conscient nourri par les perceptions sensorielles et doté de la capacité de raisonner. Vous n'êtes guère familiarisé avec les deux autres formes de conscience, de sorte que leurs potentiels restent largement inexploités.

L'environnement influence l'effort conscient. À partir du moment où quelqu'un monte une affaire florissante dans une communauté, les autres s'aperçoivent tout à coup que leur milieu comporte des occasions fructueuses et se lancent dans des entreprises concurrentes. Inévitablement, certains sont destinés à échouer. Il est nécessaire de mettre en œuvre tout le pouvoir de la raison discriminative à notre disposition en vue de procéder à un examen des effets potentiels de l'environnement dans notre champ d'action. Les décisions boiteuses, prises à la hâte, sont des formules d'échec assurées et une insulte aux capacités de notre conscient, toujours prêt à nous aider.

Les opportunités de réussite sont toujours présentes. Servez-vous de la puissance de votre conscient en conditionnant votre mental afin qu'il soit toujours prêt à les percevoir, c'est-à-dire à reconnaître les petites ouvertures qui vous guideront dans la bonne direction et à saisir les occasions propices à la réalisation de vos objectifs.

Efforcez-vous sincèrement d'utiliser votre esprit conscient pour être un vainqueur. Cet esprit comporte tant de capacités! La raison, la discrimination, la pensée créative, le pouvoir de la volonté, la concentration… Soyez à l'affût des bonnes opportunités en étant plus attentif et concentrez-vous ensuite diligemment sur votre tâche. Identifiez d'abord vos capacités, puis appliquez-vous. Quel que soit votre champ d'intérêt, c'est ce qu'il faut cultiver; les graines du succès ont plus de chances d'éclore lorsqu'un intérêt enthousiaste est présent.

Ne vous laissez pas égarer par de mauvaises influences. L'esprit conscient est facilement découragé par les restrictions que l'environnement et les suggestions des gens lui imposent. Au début, ma famille me considérait comme bon à rien, car je ne recherchais pas les offres de ce monde. Mais j'ai résisté à leurs remarques désobligeantes. Dès que vous acceptez les limites des circonstances extérieures et des pessimistes, votre créativité et votre volonté de réussir se paralysent. Cette analyse vaut pour tous ceux qui ont essuyé des échecs dans leurs vies.

UTILISATION DE L'INSTRUMENT
QUI EST L'ESPRIT SUBCONSCIENT

Pour contrôler votre destinée, l'étape suivante consiste à faire de votre esprit subconscient votre allié, c'est-à-dire à utiliser la faculté mentale qui se trouve derrière votre conscient. Le subconscient est le siège des mémoires et des habitudes. Il emmagasine toutes vos expériences et fige vos pensées et vos actions en schémas d'habitudes. Pour tout ce que vous faites avec une attention soutenue, votre subconscient sauvegarde un schéma dans votre cerveau. Si vous pensez être un raté, un modèle d'échec se grave dans votre subconscient. Or, une telle conclusion prédéterminée est désastreuse pour tout processus de succès; c'est même la principale raison d'échec. Quelles que soient vos conditions de vie ou les résultats de vos efforts, vous n'avez pas le droit d'avoir des pensées d'échec, car c'est hypnotiser votre esprit avec cette croyance.

Affirmez et croyez à la réalisation de ce que vous désirez accomplir, quoi que ce soit, et malgré les preuves du contraire. Créez un schéma de succès dans votre subconscient et faites en sorte qu'il fonctionne à votre avantage. Retirez-vous dans le silence et réfléchissez longuement à votre objectif; concentrez-vous sur les moyens de l'atteindre. Lorsque vous êtes tranquille, que vos pensées agitées et tous les « Je n'y arrive pas » se calment, de nouvelles convictions surgies de votre subconscient peuvent vous venir en aide. À mesure que vous vous enfoncez dans votre réflexion et que vous commencez à avoir fait le tour d'une question, vous franchissez les limites de votre conscient et pouvez alimenter les processus du raisonnement conscient par des informations précieuses émanant de vos mémoires et de l'imagination créative du subconscient.

LE POUVOIR OMNISCIENT DE L'ESPRIT SUPERCONSCIENT

Au-delà du subconscient se trouve le superconscient. Le pouvoir de Dieu en vous, le pouvoir d'une maîtrise illimité réside dans l'esprit superconscient. Cet esprit ne peut être influencé par l'idée d'échec, mais il peut être voilé par une suggestion d'échec. L'esprit superconscient est la conscience intuitive omnisciente de l'âme. Cet état de conscience peut être à notre portée grâce à la concentration profonde et au contact que l'âme établit pendant la méditation.

Rappelez-vous ceci en toutes circonstances, quoi qu'il arrive : « J'ai le pouvoir de réussir. Et bien que mon esprit conscient soit conditionné par mon environnement, le Seigneur m'a donné un pouvoir illimité dans mon subconscient et dans mon superconscient. Au fur et à mesure que j'apprends à les maîtriser, je deviens maître de mon destin.» Il n'y a pas de mauvais sort pesant sur votre destinée si ce n'est votre manque d'application à vous servir des pouvoirs de votre conscient ajouté aux mauvaises habitudes gravées dans votre subconscient. Vous ne devez jamais vous laisser décourager ; se décourager revient à admettre l'échec, à vous mettre l'étiquette de perdant. Si votre esprit conscient dit «Je ne peux faire ceci», votre subconscient enregistre cette pensée d'échec ; et plus vous pensez de façon négative, plus cette idée d'échec s'inscrit profondément dans les annales de votre subconscient. C'en sera fait de vous... À moins que vous ne fassiez à nouveau un effort conscient pour vous débarrasser de votre conviction persistante d'échec, en prenant les mesures nécessaires pour penser et pour agir avec une volonté pleine d'assurance.

Lorsque vous pensez « Je peux réussir », pensez-le avec suffisamment d'intensité pour chasser toute notion d'échec. Si vous avez essayé de réussir et essuyé neuf fois un échec, vous pouvez toujours essayer une dixième fois ! N'abandonnez jamais ; n'admettez jamais l'échec.

APPLICATION PRATIQUE
DE L'INTUITION

Commencez toute entreprise en demandant l'aide de Dieu : « Seigneur, je ferai tout mon possible, mais guide-moi afin que j'agisse avec justesse et que j'évite les erreurs. » Puis vous devez utiliser votre intelligence et votre raison pour savoir comment réaliser ce que vous voulez faire. À chaque étape, priez Dieu afin qu'Il vous guide ; dans le calme intérieur, votre intuition vous transmettra Ses assurances. C'est ce que je fais. Après avoir fait usage de l'intelligence de mon esprit conscient, je me sers de mon pouvoir intuitif ainsi que des autres pouvoirs de mon inconscient et de mon superconscient ; et je fais l'expérience que la lumière créatrice divine vient infailliblement me guider.

Le fait de dépendre uniquement des moyens matériels de la réussite comportera toujours des incertitudes. Mais la voie du vainqueur qui passe par l'intuition est différente. La perception intuitive ne peut jamais être fausse. Elle vient d'une sensibilité intérieure, d'un sentiment par lequel vous savez par avance si vous allez ou non réussir en suivant votre plan déterminé.

Le témoignage des sens et l'esprit rationnel peuvent vous dire une chose alors que le témoignage de l'intuition vous en dit une autre. Il faut d'abord suivre le témoignage des sens, c'est-à-dire apprendre tout ce que vous pouvez au sujet de votre but et des étapes pratiques pour l'atteindre. Que ce soit pour investir de l'argent, créer une nouvelle affaire ou changer de profession, commencez par examiner la situation et comparer les différentes options en mettant toute votre intelligence en œuvre, mais ne vous lancez pas la tête la première. Lorsque votre bon sens et vos recherches vous montrent le chemin à suivre, c'est le moment de méditer et de prier Dieu. Dans le silence intérieur, demandez à l'Éternel s'il est bon d'aller de l'avant. Si vous priez avec intensité et sérieux pour constater que quelque chose vous fait dévier de votre projet, renoncez à votre projet. Mais si vous ressentez une impulsion positive irrésistible et que malgré vos prières intenses, répétées et répétées encore, cette impulsion demeure, suivez-la. Vos prières pour demander le conseil divin doivent être sincères, de manière à ce que toute impulsion ressentie vienne de Dieu et ne soit pas la simple consolidation d'un désir inapproprié.

C'est ainsi que j'ai développé l'application pratique de mon intuition. Avant de me lancer dans une entreprise, je m'assieds dans ma chambre en méditation silencieuse et je laisse cette puissance emplir toujours davantage mon esprit. Puis je projette la lumière concentrée de mon esprit sur ce que je désire accomplir. Je sais que mes pensées ont été efficaces ; ce que je perçois dans cet état devra se réaliser.

Nous sommes, tout compte fait, les stations émettrices et réceptrices les plus puissantes. Notre petite enveloppe de chair est un obstacle insignifiant. Nos pensées sont des forces créatrices puissantes qui flottent dans l'éther, prêtes à accomplir leur dessein pour peu qu'elles soient concentrées et consciemment dirigées. Mais la plupart des gens ignorent comment faire travailler leurs pensées à leur avantage. Leur esprit est une station remplie de parasites. La concentration et la méditation harmonisent les pensées et les focalisent pour manifester le succès.

AUGMENTEZ VOTRE SUCCÈS EN AIDANT LES AUTRES À S'AIDER EUX-MÊMES

Un dessein égoïste limite le succès. Vous devriez exprimer la conscience universelle de votre âme. Vous n'êtes pas obligé de travailler uniquement avec les bras et le cerveau de votre corps. Vous pouvez élargir votre influence au point que votre bonté travaille à travers des milliers de bras et de cerveaux. Vous pensez à votre petit corps, à la manière de le nourrir, de le vêtir et de lui apporter du confort. Je pense aux moyens d'améliorer les vies de milliers d'âmes, de réussir personnellement en rendant aux gens leur propre pouvoir de force et de sagesse. La satisfaction que j'en retire se situe au-delà des mots.

Le succès que j'ai récolté en aidant les autres à réussir par leurs propres efforts est un succès que personne ne peut anéantir. J'ai eu beaucoup de plaisir à faire des choses pour Dieu. Je n'ai aucune ambition personnelle, mais j'en ai beaucoup pour Dieu et pour Le partager avec tous. À moins de sacrifier certains de vos désirs pour le bien d'autrui, vous ne pourrez jamais vraiment réussir. Si le bien-être des autres est inclus dans vos efforts pour réussir, vos chances de succès seront bien meilleures que si vous ne pensez qu'à vous. Par-dessus tout, pensez à Dieu et demandez-Lui de vous guider. J'aurais eu bien plus de problèmes en créant cette société si je n'avais pas reçu de conseils divins intérieurs, car chaque personne qui venait voulait que j'agisse selon son idée. Cette organisation réussira parce que j'ai suivi les instructions de Dieu. Satan essaie toujours de faire obstruction aux bonnes œuvres, mais Dieu nous montre comment surmonter le mal sous toutes ses formes.

LE SUCCÈS ULTIME : ÊTRE CONTINUELLEMENT AVEC DIEU

Notre but dans la vie est de connaître la signification de cet univers. Il n'est qu'un rêve de Dieu, tout comme un film au cinéma déroule de grandes tragédies ou comédies qui se terminent ensuite pour être vite oubliées. La vie est pareille. Elle semble si réelle et si permanente, mais elle est très courte. Tous vos problèmes et tous vos combats seront oubliés quand vous quitterez ce monde pour le monde meilleur de l'après-vie. Donc, ne prenez pas cette vie trop au sérieux ; voyez le Maître de l'univers qui Se tient dans les coulisses de ce drame, l'Auteur de cette pièce onirique.

Beaucoup de gens disent : « Je ne pourrai jamais réaliser Dieu. » C'est la pensée la plus tenace à éliminer de son esprit. Mais si vous priez inlassablement quand bien même Dieu ne répondrait pas à vos prières, si vous continuez à prier, si vous continuez à L'aimer, alors et seulement alors vous réussirez. Des millénaires passés à chercher Dieu ne sont rien, comparés à l'éternité avec Lui. Si vous mettez toute l'énergie de votre cœur à demander la réalisation de Dieu, vous recevrez Sa réponse avec certitude.

Ne perdez pas votre temps. La voie du vainqueur est d'être continuellement avec Dieu. Cherchez-Le d'abord. Ne stagnez pas ; la paresse ne fait pas le bonheur. Soyez avec Lui pendant la nuit. Et réveillez-vous le matin, prêt à entrer dans la bataille du monde avec Lui à vos côtés. Plein de foi en votre capacité à réussir, dites : « Approche, monde ! Je t'attends de pied ferme. » Vous serez maître de votre destinée ; vos entraves disparaîtront l'une après l'autre. Vous saurez alors que vous n'êtes plus un vagabond prodigue errant sur terre, mais que vous avez repris possession de votre héritage en tant que fils de Dieu.

L'unique raison pour laquelle je suis ici avec vous est pour attester de ce que Dieu m'a donné. En trouvant le Pouvoir suprême, j'ai découvert que la soif de tous mes désirs était épanchée pour l'éternité. Ne remettez pas cela à plus tard ; suivez ces enseignements afin que vous puissiez ressentir ces choses merveilleuses que j'ai moi-même ressenties en suivant ce chemin. Je n'ai pas seulement trouvé l'harmonie complète du corps et de l'esprit, mais aussi un contentement et un bonheur indescriptibles ainsi que l'aide constante de Dieu. Vous ressentirez Sa présence dans la brise caressante ; vous verrez Sa joie toujours nouvelle jaillissant de l'océan ; Il vous réchauffera avec les rayons du soleil. Il vous observera depuis la voûte du firmament ; et les corps célestes des étoiles, de la lune et du soleil seront des fenêtres ouvrant sur Sa présence. Vous verrez Ses yeux bienveillants vous regarder avec amour depuis Son omniprésence.

Chaque matin en commençant votre journée, pensez non seulement à assurer votre bien-être, mais au nombre de personnes que vous pourriez aider… Si la vérité vous intéresse tous autant qu'elle m'intéresse, notre pouvoir d'éliminer l'ignorance du monde sera considérable. Le Père se souviendra de tout ce que vous faites pour aider les autres à marcher sur ce chemin spirituel.

SENTEZ LA PUISSANCE DE L'ESPRIT VOUS TRAVERSER

Fermez maintenant les yeux et recueillez-vous. Sentez une paix profonde en vous. Sentez la paix qui vous entoure. Sentez la puissance de l'Esprit traverser les portails paisibles de votre esprit ; percevez l'éclat paisible du Père en votre for intérieur. Il Se cache dans chaque pensée, dans chaque cellule, dans tout ce qui est vous. Ressentez-Le.

Prions ensemble : « Père céleste, je ne suis plus encerclé par les barrières des "Je ne peux pas". Ton énorme pouvoir explosif du "Je peux !" est en moi. Seigneur, bénis-moi afin que je développe cette puissance de manière à détruire toutes mes barrières et à élargir mon territoire au-delà des frontières de mon existence, jusqu'à ce que j'arrive à conquérir les forces de ce monde et de Ton cosmos en étant un avec Toi. »

LA ROUTE DU VAINQUEUR

Cette terre, qui me semblait jadis si spacieuse, je la vois maintenant comme un minuscule ballon d'atomes, tournoyant dans l'espace, réchauffé par les rayons du soleil, avec des gaz nébuleux jouant autour de lui, – un petit ballon d'argile sur lequel différentes formes de vie se développent. La Parole de Dieu, la Voix de l'Esprit, ô manifestation de l'Infini, est en toutes choses[1]. Les bouleversements catastrophiques qui ont lieu sur cette sphère limitée sont causés par l'égoïsme humain, par la discorde de l'homme avec l'homme, et avec l'Esprit caché en l'homme et dans toute la création. Parce que l'humanité

---

1 La Vibration intelligente cosmique qui structure et anime toute création, appelée également *Aum* ou *Amen*. L'*Aum* des Vedas devint le *Hum* sacré des Tibétains, l'*Amin* des musulmans et l'*Amen* des Égyptiens, des Grecs, des Romains, des Juifs et de la Chrétienté. « Au commencement était la Parole, et la Parole était avec Dieu, et la Parole était Dieu... Toutes choses ont été faites par elle [la Parole ou *Aum*], et rien de ce qui a été fait n'a été fait sans elle. » (Jean 1, 1-3.)

Les passages traduits sont extraits d'un discours tenu le 16 février 1939. Ce discours apparaît en intégralité dans *The Divine Romance* (*Collected Talks and Essays, vol. II*, de Paramahansa Yogananda), ouvrage publié par la Self-Realization Fellowship.

n'a pas tiré les leçons de ces catastrophes, la terre continue à souffrir de tempêtes dévastatrices, de tremblements de terre, d'inondations, de maladies et, pire que tout, des affres de la guerre.

Il existe un moyen de conquérir ce monde, c'est-à-dire de conquérir la nature et de conquérir la vie avec sa pauvreté, ses maladies, ses guerres et tous ses problèmes. Nous devons apprendre à connaître le chemin de cette victoire… Le monde avance dans le drame sauvage de l'existence. Dans nos tentatives pour arrêter ces tempêtes déchaînées, nous ressemblons à de petites fourmis nageant dans l'océan. Mais ne sous-estimez pas votre pouvoir. La véritable victoire consiste à vous conquérir vous-même, comme le fit Jésus-Christ. Sa victoire sur lui-même lui donna le pouvoir sur toute la nature.

La science aborde la maîtrise de la nature et de la vie d'une autre façon. Cependant, les découvertes scientifiques échouent souvent à tenir leurs promesses initiales et à produire quelque chose de permanent. Leurs remèdes bénéfiques ne se font sentir que pour une courte durée, car quelque chose de pire se présente bientôt pour menacer à nouveau le bonheur et le bien-être de l'homme. La victoire totale ne viendra pas en appliquant seulement les méthodes de la science, car ces méthodes agissent sur l'extérieur, s'occupant des effets plutôt que des causes subtiles. Le monde continuera malgré les désastres et la science fera continuellement de nouvelles conquêtes. Mais seule la science spirituelle peut nous enseigner le chemin de la victoire totale.

L'ESPRIT DOIT RESTER INVAINCU

Selon la science spirituelle, tout est dans l'attitude de l'esprit. C'est une bonne chose que de surmonter une chaleur extrême en utilisant de l'air rafraîchi artificiellement, et un froid extrême par une chaleur produite artificiellement, elle aussi ; mais tandis que vous essayez ainsi de vous rendre maître de l'inconfort extérieur, entraînez votre esprit à rester imperturbable en toutes circonstances. Le mental est tout comme du papier buvard, absorbant rapidement les couleurs des teintures de toutes sortes que vous lui appliquez. La plupart des esprits prennent la couleur de leur environnement. Mais l'esprit n'a aucune excuse de se laisser vaincre par des circonstances extérieures. Si, sous la pression des épreuves, votre attitude mentale change constamment, vous perdrez la bataille de la vie. C'est ce qui se passe lorsqu'une personne en bonne santé physique et mentale va dans le monde pour gagner sa vie et, pour peu qu'elle rencontre quelques obstacles, cède sans tarder à l'échec. Ce n'est que lorsque vous *acceptez* l'échec que vous *êtes* un vaincu. Le vrai perdant n'est pas celui qui est handicapé par la maladie, ni celui qui semble vainement réitérer ses tentatives sous les revers, mais celui qui est paresseux, physiquement et mentalement. La personne qui refuse de penser, de raisonner, de faire preuve de discrimination, d'utiliser sa volonté ou son énergie créatrice, est déjà morte.

Apprenez à utiliser la psychologie de la victoire. Certains donnent ce conseil : « Il ne faut surtout pas parler d'échec. » Mais ce n'est pas suffisant. Commencez par analyser votre échec et ses causes, tirez profit de l'expérience, puis effacez-en la moindre pensée. Le véritable vainqueur est celui qui, même après avoir essuyé des échecs répétés, refuse intérieurement de s'avouer vaincu et continue à faire des efforts. Qu'importe si le monde le considère comme un perdant ! Si, mentalement, il ne s'est pas rendu, il n'est pas perdant devant le Seigneur. J'ai appris cette vérité au contact de l'Esprit.

Vous comparez toujours votre sort avec celui des autres. Si quelqu'un, étant plus éveillé, a plus de succès que vous, vous êtes malheureux. Cela fait partie des paradoxes de la nature humaine. Ne vous lamentez pas sur votre destin. À l'instant où vous comparez envieusement ce que vous avez avec ce que quelqu'un d'autre possède, vous faites de vous un perdant. Si vous saviez seulement ce qui se passe dans la tête des autres, vous ne voudriez plus être à la place de personne et apprécieriez la vôtre !

Vous ne devriez envier personne. Laissez les autres nous envier. Chacun de nous est unique. Soyez fiers de ce que vous avez et de ce que vous êtes. Personne n'a une personnalité exactement comme la vôtre. Personne n'a un visage comme le vôtre. Personne d'autre n'a une âme pareille à la vôtre. Vous êtes une création unique de Dieu. Vous devriez en être si fier !

LA SCIENCE DU YOGA SUPPRIME LES PENSÉES ERRONÉES

Dire que le mal n'existe pas ne serait pas réaliste. Nous ne pouvons éviter le mal juste en l'ignorant. Qu'est-ce que le mal ? C'est tout ce qui fait obstruction à la réalisation de Dieu. Dieu connaît toutes nos pensées, tous nos actes erronés et tous les ennuis dans lesquels nous nous débattons. S'Il ne savait pas que le mal existe, Il serait un Dieu bien ignorant ! Le bien et le mal, le positif et le négatif, coexistent en ce monde. Dans leur effort pour maintenir un état d'esprit positif, de nombreuses personnes entretiennent une crainte déraisonnable des pensées négatives. Il est vain de nier l'existence des pensées négatives, mais vous ne devriez pas pour autant les craindre. Analysez avec discernement toutes les pensées pernicieuses, puis éliminez-les!

Une fois que le poison d'une pensée négative s'infiltre dans l'ego[1], il est très difficile de s'en défaire. On raconte l'histoire d'un homme qui essayait de chasser un mauvais esprit d'une femme. Il jeta sur elle des graines de moutarde, ce qui était supposé provoquer le départ de l'esprit. Mais l'esprit du mal ne fit qu'en rire : « Je suis entré dans les graines de moutarde avant que tu ne les jettes, donc cela ne me fait plus d'effet. » De manière analogue, lorsque le poison des pensées négatives a profondément infiltré votre mental, le pouvoir de l'esprit ne fonctionne plus : « l'esprit du mal » des pensées négatives s'est infiltré dans les « graines de moutarde » de votre force mentale. Ainsi, si vous avez été malade pendant un mois, vous avez tendance à penser que vous allez être toujours malade. Mais comment un seul mois de maladie peut-il l'emporter sur les années de bonne santé dont vous avez joui ? Pareil raisonnement est une offense à votre esprit.

Les métaphysiciens rigoureux sondent la conscience de l'âme et, grâce à son pouvoir divin, suppriment toutes traces de mal dans leurs vies. C'est là la voie du yoga qui

---

1 La conscience humaine, identifiée avec le corps et donc avec les limites humaines. La conscience divine de l'âme, en s'identifiant à Dieu, se rend imperméable aux influences négatives.

consiste à supprimer tous les obstacles à l'union de l'âme avec Dieu. Cela n'a rien d'imaginaire, c'est scientifique. Le yoga est la voie la plus élevée qui mène à Dieu. Grâce au yoga, vous laissez derrière vous toutes les pensées négatives et vous réalisez les états de conscience ultimes. Le yoga est la voie du scientifique spirituel. C'est une science de part en part, une science complète. Le yoga vous enseigne à vous regarder en face avec honnêteté et à vous voir tel que vous êtes ; puis, utilisant toute la force de votre âme, à détruire le mal qui est en vous. Vous ne pouvez pas vaincre le mal simplement en le niant. Le scientifique spirituel ne se décourage jamais, peu importe ce qu'il lui en coûte de persévérer. Il sait qu'aucune épreuve n'est assez redoutable pour surpasser la force que le Seigneur lui a donnée.

POUR VOUS AMÉLIORER, ANALYSEZ-VOUS AVEC HONNÊTETÉ

Apprenez à vous analyser en regardant à la fois le côté négatif et le côté positif : comment en êtes-vous arrivé à être ce que vous êtes ? Quelles sont vos bonnes et vos mauvaises qualités et comment les avez-vous acquises ? Puis attelez-vous à détruire la mauvaise récolte. Retirez l'ivraie des traits négatifs de votre âme et semez davantage de graines de qualité spirituelle afin d'en récolter une moisson abondante. Au fur et à mesure que vous reconnaissez vos faiblesses et que vous les extirpez de manière scientifique, vous gagnez en force. Par conséquent, il ne faut pas vous permettre d'être découragé par vos déficiences ; ce serait vous considérer comme un perdant. Vous devez être capable de vous secourir en vous analysant de manière constructive. Ceux qui n'exercent pas leur pouvoir de discrimination sont aveugles ; l'ignorance a éclipsé la sagesse innée de leur âme. C'est pour cette raison que les gens souffrent.

Dieu nous a donné le pouvoir d'écarter l'ignorance et de redécouvrir notre sagesse innée, tout comme Il nous a donné le pouvoir de soulever nos paupières et de percevoir la lumière. Faites chaque soir votre introspection et tenez mentalement un journal intime ; et, de temps en temps durant la journée, immobilisez-vous pendant une minute et analysez ce que vous faites et ce que vous pensez. Ceux qui ne s'analysent pas ne changent jamais. N'évoluant ni vers le haut ni vers le bas, ils stagnent. C'est une façon dangereuse de vivre.

Vous stagnez lorsque vous laissez les circonstances prendre le dessus sur votre bon jugement. Il est bien trop facile de perdre son temps et d'oublier le royaume de Dieu. Vous gâchez votre temps avec des choses insignifiantes et n'en avez plus pour penser à Lui. Chaque soir, lorsque vous faites votre examen de conscience, observez-vous avec vigilance pour voir si vous ne stagnez pas. Vous n'êtes pas venu au monde pour vous perdre, mais pour trouver votre véritable Soi. Dieu vous a envoyé ici-bas comme Son soldat pour remporter la victoire sur votre vie. Vous êtes Son enfant et le plus grand péché est d'oublier ou de laisser de côté votre plus grande tâche : remporter la victoire sur votre petit moi et retrouver votre véritable place dans le royaume de Dieu.

LA CONQUÊTE DE SOI EST LA VICTOIRE SUPRÊME

Plus vos problèmes seront importants, plus vous aurez d'occasions de montrer au Seigneur que vous êtes un conquérant, un Napoléon spirituel ou un Gengis Khan spirituel… à la conquête de votre moi ! Nous avons tant d'imperfections à surmonter en nous ! Celui qui se rend maître de soi est un vrai conquérant. Vous devez vous efforcer de m'imiter, à savoir de remporter constamment des victoires intérieures. Et dans la victoire intérieure suprême, je constate que le monde entier est à mes ordres. Tous ces éléments qui semblent si mystérieux, les Écritures qui semblent si contradictoires – tout s'éclaircit dans la grande lumière de Dieu. Dans cette Lumière, tout est compris et maîtrisé. La seule raison pour laquelle vous avez été envoyé ici-bas est l'acquisition de cette sagesse divine ; et si vous choisissez d'acquérir autre chose, vous allez vous punir vous-même. Trouvez votre moi supérieur et trouvez Dieu. Et tout ce que la vie vous réclame, accomplissez-le au mieux de vos possibilités. Apprenez à conquérir chaque obstacle et atteignez la maîtrise par la discrimination et l'action juste.

Tant que vous vous poserez la question de savoir si vous allez gagner ou perdre les batailles de l'existence, vous continuerez à perdre. Mais lorsque vous serez grisé de joie par la présence divine en vous, vous deviendrez plus positif et aussi… plus humble. Ne reculez pas et ne faites pas du surplace. En général, les gens sont soit stationnaires, soit engagés dans un bras-de-fer entre leurs bonnes et leurs mauvaises tendances. Qui gagnera ? La tentation est la voix de Satan qui murmure à votre oreille. Satan est toujours en train d'essayer de gâcher votre vie. Être accablé de faiblesses n'est pas un péché, mais dès l'instant où vous cessez de faire des efforts pour les surmonter, vous êtes perdu. Tant que vous essayez, tant que vous vous relevez de vos chutes, vous êtes en train de réussir. Ce n'est pas la victoire en soi qui apporte du plaisir, mais le pouvoir et la satisfaction qui viennent de ce que vous vous êtes rendu maître d'une de vos faiblesses.

Étudiez la vie des saints. Ce qui est facile à faire n'est pas la voie du Seigneur. Ce qui est difficile est Sa voie! Saint François avait plus de problèmes que vous ne pouvez l'imaginer, mais il ne renonça pas. Un par un, par le pouvoir de son esprit, il surmonta ces obstacles et fusionna avec le Maître de l'Univers. Pourquoi n'auriez-vous pas, vous aussi, cette sorte de détermination? Je pense souvent que l'action la plus condamnable dans la vie est d'admettre l'échec, car en faisant cela, vous niez le pouvoir suprême de votre âme, l'image de Dieu en vous. Ne renoncez jamais.

Développez des préférences pour les quêtes qui vous aideront à avoir une plus grande maîtrise sur vous-même. Vivre en vainqueur consiste à mettre en œuvre vos bonnes résolutions en dépit de toutes les difficultés. Ne laissez rien, ni personne, briser votre détermination. La plupart des gens raisonnent ainsi: «Pour aujourd'hui, laissons aller les choses; j'essaierai à nouveau demain.» Ne vous leurrez pas. Cette façon de penser ne vous mènera pas à la victoire. Si vous prenez une résolution et n'arrêtez jamais de la mettre en œuvre, vous réussirez. Sainte Thérèse d'Avila disait: «Les saints sont des pécheurs qui n'abandonnèrent jamais.» Ceux qui ne capitulent jamais obtiennent finalement la victoire.

DANS L'ABRI DE VOTRE BONTÉ INNÉE

Un jour, vous quitterez ce monde. Certains vous pleureront, certains diront peut-être quelques mots contre vous. Mais souvenez-vous que toutes les mauvaises pensées que vous avez eues durant votre vie ainsi que toutes les bonnes, partiront avec vous. Donc, la tâche la plus importante est de vous surveiller, de vous corriger, de faire tout votre possible. Ignorez ce que les autres peuvent dire ou faire contre vous, tant que vous vous efforcez sincèrement de bien faire. J'essaye de ne jamais être en conflit avec quiconque et, dans mon cœur, je sais que j'ai fait tout mon possible pour être bon avec tous. Mais l'opinion des hommes m'importe peu, que ce soient leurs louanges ou leurs critiques. Dieu est avec moi et je suis avec Lui.

Sans me vanter, je peux affirmer que j'ai fait l'expérience, dans ma conscience, de la grande joie liée à la certitude, dans mon âme, que personne ne peut me provoquer à la vengeance. Je préférerais me frapper que d'être mesquin avec qui que ce soit. Si vous ne démordez pas de votre détermination d'être bon, les gens auront beau vous irriter, vous demeurerez un vainqueur. Pensez-y. Si vous êtes menacé et que vous restez calme et serein, sachez que vous êtes victorieux de votre petit moi. Votre ennemi ne peut toucher votre esprit.

Je ne pourrais jamais imaginer être mesquin, même envers un ennemi mortel. Cela me blesserait. Il y a déjà tant de méchancetés à travers le monde que je ne vois aucune raison d'en rajouter. Quand vous aimez Dieu et que vous voyez Dieu dans chaque âme, vous ne pouvez être mesquin. Si quelqu'un se comporte mal envers vous, réfléchissez à la meilleure façon de vous comporter avec amour envers lui. Et s'il refuse toujours d'avoir de la considération pour vous, éloignez-vous pour un temps. Gardez votre gentillesse pour vous, mais ne laissez aucune manifestation de méchanceté ternir votre comportement. Une des plus grandes victoires sur le petit moi est d'être sûr de votre capacité d'être toujours prévenant et aimant, d'être ancré dans la certitude que personne ne pourra vous faire agir autrement. Pratiquez cela. L'autorité romaine toute entière n'aurait pu faire naître la moindre méchanceté chez le Christ. Même pour ceux qui le crucifièrent, il pria: «Père, pardonne-leur, car ils ne savent pas ce qu'ils font[1].»

Quand vous serez sûr de votre maîtrise de vous-même, votre victoire sera plus grande que celle d'un dictateur, car ce sera une victoire qui se tiendra immaculée devant le tribunal de votre conscience. Votre conscience est votre juge. Que vos pensées soient les jurés et vous, soyez l'accusé.

1 Luc 23, 34.

Testez-vous chaque jour et vous verrez qu'aussi souvent que vous vous accepterez d'être puni par votre conscience et aussi souvent que vous vous jugerez sévèrement dans le sens du bien (pour être fidèle à votre nature divine), vous serez un vainqueur.

ATTEINDRE LE TRIOMPHE DE L'ÂME

L'âge n'est pas une excuse pour ne pas essayer de changer. La réussite ne dépend pas de la jeunesse, mais de la persévérance. Cultivez la persévérance qui était celle de Jésus. Comparez la mentalité qui était la sienne, quand le temps fut venu pour lui de quitter son corps, avec celle de n'importe quel homme marchant dans les rues de Jérusalem dans une liberté et un bonheur apparents. Jusqu'à la fin, dans chaque épreuve – même lorsque Jésus fut emprisonné, puis crucifié par ses ennemis – il resta suprêmement victorieux. Il avait pouvoir sur toute la nature. Et il joua avec la mort pour conquérir la mort. Ceux qui craignent la mort lui permettent d'être victorieuse. Mais ceux qui, tous les jours, se regardent en face pour essayer de s'améliorer, affronteront la mort avec courage et remporteront la couronne du vainqueur. C'est cette victoire-là, celle de l'âme, qui est la plus importante.

Pour moi, le voile entre la vie et la mort n'existe plus, de sorte que la mort ne m'effraie pas du tout. L'âme incarnée est comme une vague à la surface de l'océan. Lorsque quelqu'un meurt, la vague de l'âme retombe et disparaît sous la surface de l'océan de l'Esprit, d'où elle était venue. La vérité sur la mort est dissimulée de la conscience des gens ordinaires qui ne font aucun effort pour réaliser Dieu. Ces personnes ne peuvent pas concevoir qu'en leur for intérieur se trouve le royaume de Dieu, débordant de Ses merveilles. Dans ce lieu, ni douleur, ni pauvreté, ni souci, ni cauchemar ne peuvent jamais faire illusion à l'âme. Je n'ai qu'à ouvrir mon œil spirituel et, déjà, ce monde disparaît et un autre monde apparaît. Dans ce pays-là, je contemple le Dieu infini. On atteint cet état par un équilibre entre l'activité et la méditation. Il faut certes déployer une activité considérable, non pas avec le désir de se servir soi-même, mais celui de servir Dieu. Cependant, fournir un effort quotidien pour Le réaliser par la méditation profonde est tout aussi indispensable.

HARMONISEZ VOS OBLIGATIONS MONDAINES ET VOTRE QUÊTE DIVINE

Même si vous êtes une personne très occupée, ce n'est pas une excuse pour oublier Dieu. Les fidèles qui avancent sur une voie spirituelle ont même davantage d'épreuves que ceux qui suivent une voie mondaine. Donc, n'avancez

pas vos obligations matérielles comme prétexte pour igno-
rer Dieu.

Vous ne devez pas négliger Dieu pour le travail, ni
négliger votre travail pour Dieu. Vous devez harmoniser
ces deux activités. Méditez tous les jours et pensez à Dieu
tout en portant votre lourd fardeau de tâches matérielles.
Sentez que tout ce que vous faites, vous le faites pour Lui
plaire. Si vous travaillez pour Dieu, peu importe les tâches
que vous exécutez, votre esprit sera toujours fixé sur Lui.

Dans le dur combat pour préserver l'équilibre entre
la méditation et l'activité, votre meilleur refuge est de
rester dans la conscience du Seigneur. Tout ce que je fais
dans la conscience de Dieu devient méditation. Ceux
qui s'adonnent à la boisson peuvent travailler tout en
étant sous l'influence de l'alcool. Donc, si vous prenez
l'habitude d'être ivre de Dieu, vous pouvez vaquer à vos
occupations sans interrompre votre communion intérieure
avec Dieu. Dans l'état de méditation profonde, lorsque
votre esprit se sera retiré de tout et que vous ne ferez plus
qu'un avec la conscience divine, aucune pensée égarée
ne franchira le seuil de votre mémoire. Vous serez avec
Dieu derrière les hautes grilles que sont la ferveur et la
concentration, ce portail d'airain que ni les dieux ni les
elfes n'oseront franchir. Cet état victorieux est des plus
sublimes !

Éloignez-vous de temps en temps de la compagnie des gens pour être seul avec Dieu. Ne voyez personne. Faites votre introspection, étudiez et méditez. La nuit est le meilleur moment pour vous isoler ainsi. Peut-être penserez-vous que vous ne pouvez pas changer vos habitudes et pratiquer cela parce que votre emploi du temps est déjà rempli d'obligations. Mais vous avez toute la nuit pour vous. Vous n'avez donc aucun prétexte pour ne pas chercher Dieu. Ne craignez pas de perdre la santé en perdant quelques heures de sommeil. Vous jouirez d'une meilleure santé en méditant profondément.

La nuit, après quelques heures, mon esprit n'est plus du tout avec le monde ; mentalement, je suis loin de tout. Mon sommeil est le cadet de mes soucis. Le soir, j'essaie de ressentir de la fatigue, comme tout le monde. Je me dis que je vais dormir. Mais une grande Lumière surgit et toute pensée de sommeil s'évanouit. Lorsque je ne dors pas, cela ne me manque jamais. Vivant à l'état de veille éternel, je vois que le sommeil n'existe pas. La joie que procure la sagesse divine est un enchantement pour la conscience.

Je ressens le drame créé par Dieu d'une façon que nul autre ne peut ressentir, sauf ceux à qui Il Se révèle. Je fais partie de ce spectacle du monde et j'en suis pourtant séparé. Je vous contemple tous comme des acteurs dans ce jeu cosmique dont le Seigneur est le metteur en scène. Bien que vous ayez été choisis pour interpréter un certain rôle, Il n'a pas fait de vous des automates. Il veut que vous jouiez intelligemment, avec concentration et en réalisant que vous interprétez votre rôle pour Lui seul. C'est ainsi que vous devriez penser. Dieu vous a choisi pour accomplir un travail spécifique ici-bas. Que vous soyez homme d'affaires, femme au foyer ou simple ouvrier, interprétez votre rôle pour Lui seul. Alors, vous vous érigerez en vainqueur sur les souffrances et les restrictions du monde. Celui qui porte Dieu en son for intérieur possède en lui tout le pouvoir des anges. Le cours de sa victoire ne peut être arrêté.

Lorsque vous avancez à l'aveuglette dans la sombre vallée de l'existence et que vous trébuchez dans l'obscurité, vous avez besoin de l'aide de quelqu'un qui peut voir. Vous avez besoin d'un guru. Suivre un être illuminé est la seule manière de sortir du grand marasme qui a été créé en ce monde... Le véritable chemin de la liberté réside dans la voie du yoga, dans l'auto-analyse scientifique et dans l'imitation de quelqu'un qui, ayant traversé la forêt de la théologie, peut vous conduire en toute sécurité jusqu'à Dieu...

GAGNER DIEU EST LA VICTOIRE ULTIME

Donc, souvenez-vous-en: ne pensez pas que vous ne pouvez ni changer ni vous améliorer. Chaque soir, analysez-vous. Et méditez profondément, en priant: «Seigneur, j'ai vécu trop longtemps sans Toi. Je me suis assez amusé avec mes désirs. Maintenant, que va-t-il advenir de moi? Je dois Te trouver. Viens à mon secours. Brise Ton vœu de silence. Guide-moi.» Il pourra rester silencieux dix fois, mais dans un entre-deux, au moment où vous vous y attendrez le moins, Il viendra à vous. Il ne peut pas rester au loin. Tant que vous entretiendrez une curiosité profane, Il ne viendra pas. Mais si vous êtes vraiment sincère, alors, où que vous soyez, Il sera avec vous. Cela vaut bien tous les efforts que vous puissiez faire.

La solitude est le prix de la gloire. Évitez de vous rendre trop souvent dans des endroits bruyants. Le bruit et l'agitation provoquent des émotions et de l'excitation nerveuse. Cela n'est pas le chemin vers Dieu; c'est le chemin de la destruction, car ce qui détruit votre paix vous éloigne de Dieu. Quand vous êtes calme et tranquille, vous êtes avec le Seigneur. J'essaie de rester seul la plupart du temps. Mais que je sois seul ou au milieu d'une foule, je m'isole au fond de mon âme. C'est une caverne si profonde! Tous les sons du monde s'évanouissent et le monde est comme mort pour moi lorsque je me promène dans mon antre de paix. Si vous n'avez pas trouvé ce royaume intérieur, pourquoi perdez-vous encore votre temps ? Qui vous sauvera ? Personne, sinon vous-même. Alors, ne perdez plus de temps.

Même si vous êtes infirme, aveugle, sourd, muet et délaissé par tout le monde, ne renoncez surtout pas ! Si vous priez : « Seigneur, je ne peux pas aller dans Ton temple à cause de l'état de mes yeux ou de mes jambes, mais de tout mon esprit je pense à Toi », alors le Seigneur viendra et dira : « Mon enfant, le monde t'abandonne, mais moi, Je te prends dans Mes bras. À Mes yeux, tu es victorieux. » Je vis chaque jour dans la gloire de cette conscience, celle de Sa présence. Je ressens un merveilleux détachement pour tout le reste. Même lorsque j'essaie de ressentir un désir particulier pour quelque chose, je constate que mon esprit est détaché. L'Esprit est ma nourriture ; l'Esprit est ma joie ; l'Esprit est mon sentiment ; l'Esprit est mon temple et mon audience ; l'Esprit est la bibliothèque où je puise mon inspiration ; l'Esprit est mon amour et mon Bien-Aimé. L'esprit de Dieu est celui qui exauce tous mes désirs, car c'est en Lui que je trouve toute la sagesse, tout l'amour d'un être adoré, toute la beauté, tout simplement tout. Il ne me reste pas d'autre désir, pas d'autre ambition, si ce n'est Dieu. Tout ce que j'ai cherché, je l'ai trouvé en Lui. Vous aussi, vous trouverez tout en Lui.

CHAQUE EFFORT SPIRITUEL ÉQUIVAUT À UN DON ÉTERNEL DE L'ÂME

Ne perdez plus de temps, car si vous devez changer votre résidence corporelle, vous devrez attendre longtemps avant de retrouver une telle occasion de chercher sérieusement Dieu, en passant d'abord par une renaissance, puis par les épreuves de l'enfance et les tourments de la jeunesse. Pourquoi gaspiller votre temps en désirs inutiles ? Il est insensé de passer votre vie à courir après des choses que vous devrez abandonner à la mort. Vous ne trouverez jamais le bonheur ainsi. Mais chaque effort que vous faites pour établir le contact avec Dieu dans la méditation vous apportera un don éternel de l'âme. À ceux d'entre vous qui sont de véritables amoureux de Dieu, qui ne cherchent pas leur propre gloire, mais la gloire de l'Esprit, je dis : commencez maintenant !

Chacun doit obtenir sa propre victoire. Prenez la décision de remporter votre victoire en suprême conquérant. Vous n'avez nul besoin d'une armée, d'argent ou d'aide matérielle pour remporter la plus grande victoire qui soit. Il vous faut juste être fermement déterminé à gagner. Tout ce que vous avez à faire est de vous immobiliser dans la méditation et, armé de l'épée de la discrimination, d'arrêter, une par une, les pensées agitées qui viennent vous assaillir. Lorsque vous les aurez toutes passées au fil de l'épée, le royaume de la calme sagesse de Dieu sera vôtre.

Tous ceux qui entendront ce sermon et qui feront un effort sincère pour changer trouveront une communion accrue avec Dieu et, à travers Lui, la victoire véritable et durable de l'esprit.

SUR L'AUTEUR

Paramahansa Yogananda (1893-1952) est considéré dans le monde comme l'une des plus éminentes figures spirituelles de notre temps. Né en Inde du Nord, il vint s'établir aux États-Unis en 1920 où, pendant plus de trente ans, il enseigna la science ancestrale de la méditation propre à l'Inde et l'art de vivre une vie spirituelle équilibrée. Grâce à la célèbre *Autobiographie d'un Yogi*, dans laquelle il relate l'histoire de sa vie et à ses nombreux autres ouvrages, Paramahansa Yogananda fit connaître à des millions de lecteurs la sagesse intemporelle de l'Orient. C'est sous la direction de Sri Mrinalini Mata, l'une de ses plus proches disciples, que son œuvre spirituelle et humanitaire se poursuit aujourd'hui par l'intermédiaire de la Self-Realization Fellowship [1], la société internationale qu'il fonda en 1920 pour répandre ses enseignements dans le monde entier.

---

1 Littéralement : «Société de la réalisation du Soi.» Paramahansa Yogananda a expliqué que le nom «Self-Realization Fellowship» signifie : «Communion avec Dieu à travers la réalisation du Soi et amitié avec tous ceux qui cherchent la Vérité.»

RESSOURCES SUPPLÉMENTAIRES SUR LES TECHNIQUES DE KRIYA YOGA ENSEIGNÉES PAR PARAMAHANSA YOGANANDA

La Self-Realization Fellowship se consacre à aider gratuitement les chercheurs de vérité du monde entier. Pour obtenir des informations sur nos cycles de cours et de conférences publiques donnés chaque année, sur les méditations et les services divins qui ont lieu dans nos temples et nos centres à travers le monde, ainsi que sur les programmes des retraites et nos autres activités, nous vous invitons à consulter notre site Internet ou à contacter notre siège international :

www.yogananda-srf.org

Self-Realization Fellowship
3880 San Rafael Avenue
Los Angeles, CA 90065-3219, U.S.A.
Tél. +1(323) 225-2471

AUTOBIOGRAPHIE D'UN YOGI
de Paramahansa Yogananda

Cette biographie acclamée offre en même temps le récit captivant d'une vie extraordinaire et un aperçu pénétrant, absolument inoubliable, des mystères ultimes de l'existence humaine. Saluée comme une œuvre capitale de la littérature spirituelle lorsqu'elle parut pour la première fois sous forme imprimée, elle reste toujours l'un des livres les plus lus et les plus respectés qui aient été publiés dans le domaine de la sagesse orientale.

Avec une franchise attachante, une éloquence remarquable et beaucoup d'esprit, Paramahansa Yogananda déroule un récit plein d'inspiration, celui de sa vie : depuis les expériences de son enfance hors du commun, en passant par ses rencontres avec de nombreux saints et sages durant sa quête de jeunesse à travers l'Inde pour trouver un maître illuminé, sans oublier ses dix années d'apprentissage dans l'ermitage d'un maître de yoga révéré, jusqu'aux trente années pendant lesquelles il vécut et enseigna en Amérique. Il raconte aussi ses rencontres avec Mahatma Gandhi, Rabindranath Tagore, Thérèse Neumann et d'autres personnalités spirituelles célèbres d'Orient et d'Occident. Sont inclus également de nombreux éléments qu'il ajouta après la parution de la première édition en 1946 ainsi qu'un chapitre final sur ses dernières années sur terre.

Considérée comme un grand classique des temps modernes en matière de spiritualité, *Autobiographie d'un Yogi* fournit une introduction approfondie sur la science ancestrale du yoga. Traduite dans de nombreuses langues, elle figure parmi les œuvres au programme de beaucoup d'universités. Best-seller impérissable, ce livre a su conquérir les cœurs de millions de lecteurs dans le monde entier.

———•———

«Un récit hors du commun.» *THE NEW YORK TIMES*

«Une étude fascinante et clairement commentée.»
NEWSWEEK

«Rien de ce qui a jusqu'à présent été écrit en anglais ou en toute autre langue européenne ne surpasse cette présentation du yoga.» *COLUMBIA UNIVERSITY PRESS*

PUBLICATIONS DE LA SELF-REALIZATION FELLOWSHIP DES ENSEIGNEMENTS DE PARAMAHANSA YOGANANDA

Disponibles en librairie ou directement auprès de l'éditeur :

Self-Realization Fellowship
3880 San Rafael Avenue • Los Angeles, CA 90065-3219, U.S.A.
Tél +1(323) 225-2471 • Fax +1(323) 225-5088
www.yogananda-srf.org

TRADUITS EN FRANÇAIS

Autobiographie d'un Yogi

À la Source de la Lumière

Ainsi parlait Paramahansa Yogananda

La Science de la Religion

La loi du succès

Comment converser avec Dieu

Vivre sans peur

La Science sacrée *de Swami Sri Yukteswar*

Relation entre Gourou et Disciple *de Sri Mrinalini Mata*

Rien que l'Amour *de Sri Daya Mata*

EN ANGLAIS

RECUEILS DE DISCOURS ET D'ESSAIS

Volume I : Man's Eternal Quest

Volume II : The Divine Romance

Volume III : Journey to Self-realization

The Second Coming of Christ: *The Resurrection of the Christ Within You*

God Talks with Arjuna: The Bhagavad Gita

Wine of the Mystic: *The Rubaiyat of Omar Khayyam — A Spiritual Interpretation*

Whispers from Eternity

The Yoga of the Bhagavad Gita

The Yoga of Jesus

In the Sanctuary of the Soul

Inner Peace

Why God Permits Evil and How to Rise Above It

Metaphysical Meditations

Scientific Healing Affirmations

Songs of the Soul

Cosmic Chants

ENREGISTREMENTS AUDIO DE PARAMAHANSA YOGANANDA

Beholding the One in All

The Great Light of God

Songs of My Heart

To Make Heaven on Earth

Removing All Sorrow and Suffering

Follow the Path of Christ, Krishna, and the Masters

Awake in the Cosmic Dream

Be a Smile Millionaire

One Life Versus Reincarnation

In the Glory of the Spirit

Self-Realization: The Inner and the Outer Path

AUTRES PUBLICATIONS
DE LA SELF-REALIZATION FELLOWSHIP

Le catalogue comprenant la liste complète des livres et des enregistrements audio et vidéo de la Self-Realization Fellowship est disponible sur demande.

Finding the Joy Within You: Personal Counsel for
God-Centered Living *de Sri Daya Mata*

God Alone: The Life and Letters
of a Saint *de Sri Gyanamata*

"Mejda": The Family and
the Early Life of Paramahansa Yogananda
de Sananda Lal Ghosh

Self-Realization (un magazine trimestriel fondé par
Paramahansa Yogananda en 1925)

LES LEÇONS
DE LA SELF-REALIZATION FELLOWSHIP

Les techniques scientifiques de méditation enseignées par Paramahansa Yogananda, y compris le Kriya Yoga, ainsi que ses instructions sur les différents aspects d'une vie spirituelle équilibrée sont exposées dans les *Leçons de la Self-Realization Fellowship*. Pour de plus amples renseignements, vous pouvez recevoir gratuitement sur simple demande notre brochure d'introduction en français *Qu'est-ce que la Self-Realization Fellowship?* ou la brochure *Undreamed-of Possibilities* disponible en anglais, en espagnol et en allemand.

TABLE DES MATIÈRES

Lightning Source UK Ltd.
Milton Keynes UK
UKOW03f1050070217

293805UK00001B/43/P